Amedeo Cencini

Quando Deus chama

A consagração:
aposta e desafio para os jovens de hoje

Dados Internacionais de Catalogação na Publicação (CIP)
(Câmara Brasileira do Livro, SP, Brasil)

Cencini, Amedeo
    Quando Deus chama : a consagração : aposta e desafio para os jovens de
hoje / Amedeo Cencini ; [tradução Antonio Efro Feltrin]. – São Paulo : Paulinas,
2004. – (Coleção animadores de pastoral juvenil e vocacional)

    Título original: Quando Dio chiama : la consagrazione : Scommessa e
sfida per i giovani d'oggi.
    ISBN 85-356-1435-4

    1. Consagração 2. Igreja – Trabalho com jovens 3. Vida religiosa e
monástica 4. Vocação religiosa I. Título. II. Série.

04-7301   CDD-248.894

Índice para catálogo sistemático:

1. Vida consagrada religiosa : Cristianismo 248.894

Título original da obra: *QUANDO DIO CHIAMA —*
La consacrazione: scommessa e sfida per i giovani d'oggi.
© Paoline Editoriale Libri — Figlie di San Paolo, 1998.
Via Francesco Albani, 21 – 20149 Milano

Citações bíblicas: *BÍBLIA SAGRADA* — Tradução da CNBB. 2ª ed., São Paulo, 2002.

Direção-geral: *Flávia Reginatto*
Editora responsável: *Noemi Dariva*
Tradução: *Antonio Efro Feltrin*
Copidesque: *Anoar Jarbas Provenzi*
Coordenação de revisão: *Andréia Schweitzer*
Revisão: *Leonilda Menossi*
Direção de arte: *Irma Cipriani*
Gerente de produção: *Felício Calegaro Neto*
Capa e editoraç eletrônica: *Cristina Nogueira da Silva*

Nenhuma parte desta obra poderá ser reproduzida ou transmitida por
qualquer forma e/ou quaisquer meios (eletrônico ou mecânico,
incluindo fotocópia e gravação) ou arquivada em qualquer sistema ou
banco de dados sem permissão escrita da Editora. Direitos reservados.

Paulinas

Rua Pedro de Toledo, 164
04039-000 – São Paulo – SP (Brasil)
Tel.: (11) 2125-3549 – Fax: (11) 2125-3548
http://www.paulinas.org.br – editora@paulinas.org.br
Telemarketing e SAC: 0800-7010081

© Pia Sociedade Filhas de São Paulo – São Paulo, 2004

APRESENTAÇÃO

Este subsídio faz parte da coleção Animadores de Pastoral Juvenil e Vocacional porque está em continuidade com os textos que o precederam, particularmente *Os jovens ante os desafios da vida consagrada: interrogações e problemáticas.* Estas páginas desenvolvem a reflexão, mas sob outro aspecto, o da vocação cristã, e religiosa em particular, considerada ela mesma como um desafio para o jovem de hoje.

Nasceu num contexto tipicamente juvenil e muito particular, o do I Congresso Internacional dos Jovens Religiosos e das Jovens Religiosas (Roma, de 29 de setembro a 4 de outubro de 1997), que reuniu aproximadamente novecentos jovens consagrados, pertencentes a setecentos institutos religiosos e vindos de todo o mundo. Tratou-se — alguém disse — de uma espécie de pequeno concílio dos jovens religiosos que por uma semana rezaram, meditaram, partilharam, cantaram e dançaram a alegria de ter visto o Senhor e de pertencer-lhe. A expressão evangélica *"Vidimus Dominum"* foi o tema e o símbolo do Congresso.

Estas páginas trazem a primeira das quatro conferências oficiais do Congresso que lhe imprimiu uma direção e foi objeto de reflexão aprofundada pelos jovens participantes.

Oferecendo-a agora a um público mais vasto de leitores, quero não somente apresentar um subsídio útil para os animadores de pastoral juvenil e vocacional, mas também suscitar em todos e, portanto, não exclusivamente nos jovens ou nos consagrados, uma reflexão sobre a própria vocação que, enquanto vem do Senhor, não é somente um dom acima de qualquer projeto humano, mas também desafio da parte de um Deus que aposta em cada pessoa, em cada um de nós.

No dia 30 de setembro os jovens participantes do Congresso foram recebidos em audiência pelo Santo Padre, num encontro que se revelou sobretudo uma festa. No discurso de João Paulo II aos jovens, encontramos o sentido não somente da experiência vivida por muitos jovens religiosos, mas também o da vida consagrada na presente conjuntura eclesial: "Vocês vieram de todas as partes do mundo para refletir sobre temas centrais da vida consagrada: vocação, espiritualidade, comunhão e missão. Vocês querem ainda partilhar as suas experiências num clima de oração e de alegre fraternidade. Esse é um modo vivo de propor a vida consagrada como a alma sempre jovem da Igreja. Numerosos e jovens como são, vocês oferecem uma imagem viva e atual da vida consagrada".

E o desafio continua.

PREMISSA

Caros jovens consagrados e consagradas, esta não é uma conferência, uma aula ou um sermão, feitos pelo especialista, mas sim uma conversa muito fraterna e confidencial, feita por um formador, uma presença habitual e familiar na nossa vida, o irmão mais velho que vive com vocês, partilhando o cansaço e o fascínio, as dúvidas e as surpresas do caminho formativo; alguém que, como vocês, sente o peso da própria humanidade e de uma responsabilidade superior às suas forças; e, por outro lado, alguém que se pôs no meio de vocês como sinal da providência do Pai, o único verdadeiro formador, sinal da atenção e cuidado da instituição religiosa para com vocês. Contudo, um formador, devo dizer, que está feliz por fazer seu serviço, por sua vocação na vocação, e que se sente profundamente enriquecido e formado pela experiência de dezoito anos de responsabilidade educativa, anos de grande e surpreendente graça.

Assim, foi justamente a convivência que me fez ciente, entre outras coisas e também à minha custa, dos gostos dos jovens professos e da sua idiossincrasia pelas pregações e os aspectos muito paternalistas. Dirijo-me então a vocês diretamente, com o tom compreensível e pacato da conversação amiga e familiar, para examinar com vocês a realidade e a grandeza do dom recebido, essa coisa pequena e grande que é a vocação à vida consagrada (VC) hoje e em vista do terceiro milênio, com os problemas, as perspectivas, as interrogações e os discernimentos ligados à formação do consagrado "chamado" a viver este milênio.

Depois de uma rápida premissa sobre o relacionamento entre os jovens e a VC, buscaremos captar o sentido da dinâmica vocacional nas suas dimensões de fundo: o chamado à vida, à fé, à consagração a Deus e ao diálogo com as outras vocações na Igreja.

Jovens e vida consagrada

Pretendemos observar a realidade complexa atual com realismo e equilíbrio, sem alarmes inúteis nem ênfases milenaristas, mas também não ignorando a evidência do desafio que temos pela frente, e — positivamente — sobretudo com uma convicção, como uma premissa indispensável ao nosso discurso: que a VC seja e represente um "dom precioso e necessário [...] para o presente e para o futuro do povo de Deus, porque ela pertence intimamente à sua vida, à sua santidade, à sua missão";[1] uma vocação, portanto, que não faltará nunca e que continuará a chamar. Tiramos daqui duas outras premissas fundamentais para o nosso discurso.

Vida consagrada: a alma perenemente jovem da Igreja

A primeira convicção-premissa é que a VC é e representa em si algo de belo e, portanto, também

---

[1] João Paulo II, *Vita consecrata*, n. 3; cf. também *Lumen gentium*, n. 44.

jovem, juvenil. É um destaque que encontramos no início da exortação pós-sinodal,[2] mas que depois a invade totalmente, como que uma chave de leitura do texto. É muito significativo pensar que a primeira vez que um documento eclesial adota a beleza como parâmetro interpretativo (ou gênero literário) é justamente para falar da VC. Não é bonito tudo isso?

Voltaremos mais adiante ao sentido dessa escolha; por ora basta-nos dizer que ela tem implicações particulares para a sensibilidade juvenil, irresistivelmente atraída por aquilo que é belo, e põe em evidência a natureza juvenil da própria VC, toda construída sobre valores e significados que supõem justamente essa atração e que são típicos da idade juvenil. A opção de consagração não significa, talvez, criatividade, coragem, superação dos limites convencionais, coração grande, mente aberta, intuição aguda, imprevisibilidade, radicalidade e generosidade por alguma coisa que se impõe de modo absoluto exatamente porque intrinsecamente belo, verdadeiro e bom?

A VC não é, talvez, expressão da fantasia livre e muito tranqüila, portanto "jovem" do Espírito Santo? Podemos, então, muito bem dizer que a VC expressa a alma perenemente jovem da Igreja; assim foi e assim continuará a ser. É belo que seja assim! E é verdadeiro, mesmo que o dado do progressivo

---

[2] *Vita consecrata*, nn. 14-16.

envelhecimento de pessoas e instituições quisesse (e pudesse) fazer-nos crer que não pode ser assim, que não é mais assim.

Não queremos, porém, cometer o erro de dar muito espaço aos lugares-comuns de sempre, continuando a ter uma idéia ingenuamente otimista e perfeccionista da VC, ligada a uma cultura espiritual passada (a lógica do herói ou a radicalização do aspecto negativo de renúncia) e que não sabe interpretar as exigências atuais de renovação; por outro lado, não creio que podemos ignorar as mudanças acontecidas nestes últimos tempos no mundo juvenil, embora não em toda parte do mesmo modo e com o mesmo ritmo e intensidade.

Vocês sabem muito bem como os descrevem certas pesquisas não particularmente benévolas para com vocês: vocês seriam, segundo elas, menos generosos do que seus precedentes, difíceis de se apaixonar por grandes ideais, fracos no plano emotivo, com pouca capacidade de renúncia, muito incertos sobre o futuro, céticos sobre as possibilidades próprias e dos outros e ambivalentes em relação à instituição.[3]

---

[3] Sobre algumas tendências universais da cultura juvenil moderna, cf., entre outros, LOEB, P. R. *Generation at the crossroads*. New Brunswick, 1994; MCROBBIE, A. *Postmodernism and popular culture*. New York, 1994; DE ROSA, G. I giovani degli anni'90. *La Civiltà Cattolica* 297 (1993), pp. 3435-3436; PISTOLINI, S. *Gli sprecati*; i turbamenti della nuova gioventù. Milano, 1995; ANDREOLI, V. *Giovani*; sfida, rivolta, speranze, futuro. Milano, 1995.

Não sei, francamente, o quanto tudo isso é verdadeiro, verificável e verificado em algum lugar. Pessoalmente, parece-me simplista, até injusto, afirmar que uma geração seja melhor ou pior do que outra e tenho dificuldade em expressar esses juízos, um pouco por legítima defesa, um pouco porque disse em algum lugar que quem pensa e repete que as novas gerações são piores do que as anteriores (e fala com freqüência do "meu tempo", como se os atuais fossem maus) é sinal seguro de que está começando a ficar velho. Se, no entanto, pensamos que esta geração foi evidentemente preparada por aquela que a precedeu, então aquele tipo de avaliação realmente não tem sentido ou é, pelo menos, contraditório.

Os jovens: sonho das origens e esperança de renovação

Gostaria de apresentar outra reflexão antes da análise propriamente dita, por crê-la muito pertinente. Foi dito que a VC, em cada instituição, é autêntica e atraente somente ou sobretudo "enquanto está nascendo", isto é, nos primeiros anos da existência de um instituto. Se isso é verdade, como já observava o padre De Couesnongle num artigo de 1977, os jovens são a expressão contínua, de alguma forma, ou *o símbolo desse "estado nascente"*, porque o que vocês procuram e desejam, embora às vezes de modo confuso, é exatamente o entusiasmo e a radicalidade dos inícios: "Vocês também querem reviver, na Igreja e no mundo presente, o que os primeiros irmãos ou as primeiras irmãs viveram, noutros tempos, junto do fundador ou da fundadora".[4]

Justamente por isso o relacionamento que a instituição estabelece com os jovens consagrados pertencentes a ela e com as suas esperanças, normalmente diz também a idade de uma família religiosa ou ainda a sua juventude psicológico-espiritual ou o frescor do espírito das origens na fidelidade criativa, no tempo presente.

Por outro lado, como nos recorda o documento sobre a formação, "a renovação dos institutos religiosos depende sobretudo da formação dos seus membros",[5] e até o futuro da VC, não somente como sobrevivência de cada instituto, evidentemente, mas como qualidade de vida e testemunho, está ligado aos jovens de hoje e à sua formação. Noutras palavras, vocês jovens encontram-se na situação de dever ser a garantia de continuidade entre

---

[4] De Couesnongle, V. *Accoglienza e formazione dei giovani nelle comunità religiose*. Torino, Leumann, 1977. p. 9.

[5] Congregação para os Institutos de Vida Consagrada e as Sociedades de Vida Apostólica, *Potissimum institutioni*, n. 1.

passado e futuro, a dobradiça que liga e conecta as fases históricas de uma congregação, a lembrança entre a fidelidade às origens e a adaptação aos novos tempos. É um outro elemento que acrescenta uma conotação particular ao chamado de vocês, carregando-o de uma responsabilidade precisa.

Com base nessas premissas podemos e devemos indicar alguns pontos de reflexão para análise e discussão já neste Congresso, como perguntas provocadoras: qual é o nível da auto-consciência juvenil? Noutras palavras, vocês jovens acreditam suficientemente em vocês mesmos e na própria vocação, nas próprias possibilidades e no próprio futuro? Está presente em vocês a consciência do próprio papel central entre a saudade das origens e a esperança de renovação e, portanto, também da responsabilidade em garantir aquele espírito jovem que é característica essencial da VC? Além da consciência, porém, existe também a coerência da vida, do testemunho jovem, do comportamento que expressa a vontade de autenticidade carismática?

A VOCAÇÃO:
DIÁLOGO ENTRE DUAS LIBERDADES

Partimos, então, dessa interpretação do conceito de vocação: *a vocação é um diálogo entre duas liberdades*, a de Deus e a do homem ou, mais exatamente, a de Deus que chama a liberdade do homem. O homem existe porque Deus o chama, e existe como ser livre justamente porque Deus o chama à existência com um ato soberanamente livre; Deus, de fato, chama quem ele quer, quando quer e como quer, "Por causa do seu plano salvífico e da sua graça" (2Tm 1,9): escolhe e chama tanto Zaqueu como Mateus, não vai procurar os chamados entre os "bons" e os bem predispostos (como continua a fazer hoje uma pastoral vocacional míope).

Um Deus absolutamente livre no chamado cria ou torna totalmente livre o chamado, livre para dar-lhe resposta, torna-o *responsável*, literalmente "capaz de dar resposta"; não o amarra a si, não o obriga a amá-lo ou a mostrar-lhe reconhecimento ou a segui-lo (veja o jovem rico e o próprio Judas);

quando muito o coloca em condições de decidir o que fazer com o dom recebido, para ser livre, como o seu Criador, exatamente.

Conseqüentemente, a vocação é no fundo um diálogo, um diálogo com características responsoriais,[6] entre Deus e a pessoa humana, Deus dialogador sempre perfeito, e o homem dialogador sempre limitado e, no entanto, chamado a interagir com Deus. O primeiro protagonista da vocação é, portanto, Deus, que é indicado pela Bíblia como "aquele que chama" (Rm 11,9; cf. Gl 5,8; 1Pd 1,15), desde sempre, como uma definição.

A que Deus chama? O seu chamado vai nestas quatro direções.

Chamado à vida

Deus, antes de tudo, é *aquele que chama à vida*. E esse chamado, de cara, manifesta algumas características da sua vontade de salvação, mas também do chamado autêntico. Ele, de fato, chama alguém que não existe e não poderia, portanto, responder-lhe, mas Deus o chama justamente para

---

[6] Cf. Manenti, A. I fondamenti antropologici della vocazione. *Seminarium* 1 (1996), p. 21.

dar-lhe essa possibilidade, e o faz existir, cria nele essa capacidade, escolhendo-o antes do seu nascimento (cf. Jr 1,5; Gl 1,15).

A iniciativa é toda divina e expressa a grandeza de um amor que é tão intenso que determina a existência do amado. É o amor no começo de tudo, e o amor de Deus precede a criação e a quer. Nós todos viemos à vida porque uma Vontade boa nos amou antes mesmo que nós existíssemos. E isso é mistério!

Amou-nos a ponto de fazer-nos desde cedo obedientes ao seu chamado: a nossa vinda ao mundo e à vida é *um ato de obediência ao chamado divino* que nos quis existentes. Desse ponto de vista, a criação é imagem da vocação autêntica, como mistério, grande, de graça. E amou-nos, ainda, com uma benevolência pessoal e única, chamando-nos pelo nome, dando-nos a vida e confiando-nos uma missão segundo um projeto pensado exatamente para cada um de nós (cr. Gn 17,5; Is 45,4; Jo 10,3-28).

O homem não é, por acaso, um projeto pensado por Deus e desenhado pelas suas mãos? Como bem disse Newman: "Eu fui criado para fazer ou para ser alguma coisa para a qual nenhum outro jamais foi criado. Pouco importa que eu seja rico ou pobre, desprezado ou estimado pelos homens. Deus me conhece e me chama pelo nome. De alguma forma, sou tão necessário em meu lugar, como um arcanjo em seu".[7]

Condição filial e cultura de morte

Nesse projeto já existe uma indicação precisa e misteriosa: a imagem do Filho. Quer dizer não somente que somos chamados a imitá-lo nalgum aspecto, mas também que, sobretudo, *somos filhos*; não autoprocuramos a existência, nem somos frutos do acaso, mas temos uma causa, uma casa, uma raiz pessoal. "A nossa gênese remete a um desígnio de amor, é fruto de uma expressão criativa dentro de um projeto de amor [...] mesmo que as desgraças da experiência sejam sinal contrário, uma paternidade está inscrita radicalmente no nosso próprio existir, chama-nos a um sentido positivo e pessoal da nossa condição humana."[8] Ou, como diz Guardini: "No princípio da minha existência está uma iniciativa, um Alguém, que me deu a mim mesmo. Em todo caso, fui dado, e dado como esse indivíduo determinado".[9]

---

[7] J. Newman, cit. por BARGIEL, T. Vocazione. In: AA.VV., *Dizionario teologico enciclopedico*. Casale Monferrato, 1993. p. 1141.

[8] RIGOBELLO, A. *La condizione filiale*. In: AA.VV., *Il mistero del Padre*; atti del II convegno internazionale sulla *Dives in misericordia*. Collevalenza, 1983. p. 152.

[9] GUARDINI, R. *Accetare se stessi*. Brescia, 1992. p. 13.

Von Balthasar, porém, observa que nessa consideração do chamado à vida "somente uma coisa está excluída: que eu considere a minha existência, pela qual agradeço, algo óbvio, devido, necessário; agora importa somente que o meu íntimo esteja compenetrado pela consciência de que nada disso que sou, e que me é continuamente dado, é-me devido, nem a visão da luz, nem o sorriso de um outro homem, nem o poder amar situações, coisas, amigos etc.; em tudo isso há um momento de dom que exige e provoca um agradecimento espontâneo".[10]

Se não existe essa sensibilidade, essa liberdade interior que consente em reconhecer o dom e reconhecer-se doados à vida e a si mesmos, não haverá nenhuma possibilidade de descobrir a própria vocação específica. E hoje, caros jovens, essa possibilidade está longe de ser afastada, pois vivemos numa *cultura da ingratidão* que, enquanto impede de ver e apreciar o bem recebido, segundo o dom da vida, impede também o sujeito de viver a vida como vocação, como chamado a responder ao amor recebido. Uma cultura da ingratidão que talvez é a raiz da atual cultura de morte e ao mesmo tempo é alimentada por ela num pérfido círculo vicioso.

---

[10] Von Balthasar, H. U. *Pregare*. Casale Monferato, 1989. pp. 9-12.

A *alegria de viver na vida consagrada*

Perguntamo-nos então: quanto somos capazes hoje de viver e reviver aquele "Eis-me aqui" que marcou o início da nossa existência, repetindo-o hoje com a consciência que não podíamos ter então, rica de gratidão, e de sentido de responsabilidade? Não é talvez importante, na cultura de morte em que vivemos hoje, e que os jovens parecem respirar e professar de modo todo particular, que o jovem religioso seja antes de tudo testemunha da alegria de viver, que a comunidade religiosa exprima consciência do dom recebido e partilhado, que a VC volte a saber professar a fé na vida e na beleza da vida?

"Não devemos esquecer [...] que a paz e o gosto de estar juntos são um dos sinais do Reino de Deus. A alegria de viver, mesmo em meio às dificuldades do caminho humano e espiritual e aos aborrecimentos de cada dia, já faz parte do Reino. Uma fraternidade sem alegria é uma fraternidade que se apaga"[11] diz o documento sobre a vida fraterna.

---

[11] Congregação para os Institutos de Vida Consagrada e as Sociedades de Vida Apostólica, *A vida fraterna em comunidade*, n. 28. O mesmo documento, no mesmo número, contém indicações práticas muito pertinentes: "Saber fazer festa juntos, conceder-se momentos de distensão pessoais e comunitários, afastar-se de vez em quando do próprio trabalho, alegrar-se pelas alegrias do irmão, ter atenção solícita às necessidades dos irmãos e das

Pensem que desastre seria se um certo tipo de linguagem, de símbolos e sinais, de atitudes e (contra)testemunhos da VC acabasse por dar a imagem de uma VC triste e de renúncias, velha e estranhamente aliada da cultura de morte? Não compete talvez a vocês, jovens, ser testemunhas dessa primeira e fundamental vocação à vida, como bem supremo que o Pai nos transmitiu e nos transmite continuamente? *A VC primeiro é vida e depois consagrada*.

E não faz parte dessa cultura da vida e da gratidão também o reconhecimento por aquela vida que todo dia recebemos e continuamos a receber da nossa comunidade, do trabalho humilde e do sacrifício silencioso de tantos irmãos e irmãs, do testemunho fiel e da santidade discreta de quem está ao nosso lado?

Um religioso jovem ingrato para com a sua comunidade é um contratestemunho perfeito: é o antianimador ou desanimador vocacional, o anticonsagrado por excelência, porque a ingratidão é demoníaca.

---

irmãs, dedicar-se confiantes ao trabalho apostólico, enfrentar com misericórdia as situações, ir ao encontro do amanhã com a esperança de encontrar sempre e em todo lugar o Senhor: tudo isso alimenta a serenidade, a paz, a alegria. E torna-se força na ação apostólica".

Chamado à fé

A partir do momento da nossa resposta ao chamado inicial de Deus criador, a vida de cada um de nós foi como um contínuo suceder de chamados, pequenos e grandes, implícitos ou explícitos, logo reconhecíveis ou velados, mas sempre com o mesmo Sujeito que chama: aquele Deus pai e mãe que depois de nos haver dado a vida nos chama a vivê-la plenamente, no máximo das nossas possibilidades e mais além, segundo um desígnio que ele pensou.

E mais uma vez a liberdade do homem é chamada a uma opção, no ato mais decisivo e misterioso de toda a vida: crer ou não crer em Deus! Aquele crer que hoje, em particular, significa adesão de todo o ser, crer-amar a Deus com tudo de si, com o coração e com a mente, com as mãos e com os pés, com as forças e com as fraquezas, com paixão e emoção, crer como confiar em Deus.

Não queremos fazer agora uma análise teológica ou psicológica do ato de fé, mas não podemos deixar de reforçar, caros jovens, a centralidade e a referência absolutamente pessoal do ato de fé na vida de vocês e na escolha de vocês, centralidade talvez nem sempre defendida nos vários planos e práticas da formação. Em que se transforma a consagração se não nasce de uma opção crente e não é continuamente sustentada, provocada e posta em crise pela vitalidade da opção?

Indicamos, então, pelo menos algumas passagens ou significados essenciais do ato de fé e do chamado à fé, em particular aquelas passagens que põem em relação fé e vocação. O chamado à fé articula-se, substancialmente, numa série de chamados posteriores dirigidos sempre à liberdade do homem em diálogo com o Deus que chama.

Chamado à transcendência e ao mistério

Caminhemos com segurança: vamos tomar um personagem bíblico, Abraão, no qual a vocação à fé se identifica com a descoberta da própria vocação; aquele Abraão que é sempre representado com a barba branca, mas que deve também ter sido jovem quando Javé lhe propôs-impôs que deixasse a própria terra, o próprio povo, o próprio trabalho, tudo o que constituía a sua identidade, o seu nome (que, aliás, ele pediu que fosse mudado), para ir a um país misterioso ("que eu te indicarei", (Gn 12,1, como o monte, depois, do sacrifício de Isaac, Gn 22,2), para sacrificar-lhe, mais adiante, aquilo que de certa forma torna-se a coisa mais querida de sua vida, em força de uma promessa humanamente incrível e absolutamente além de qualquer projeção razoável e cálculo humano, como uma aposta que, segundo uma certa lógica prudente, está totalmente perdida, e, de fato, num certo momento, parece perdida.

Qual é a força desse velho, jovem no coração? É unicamente a força da confiança, do abandono, do dar crédito a Deus confiando no seu desígnio que é rico de mistério e de amor. "*Deus providebit*... Deus providenciará, meu filho" (Gn 22,8). No episódio de Abraão podemos reconhecer as etapas da "peregrinação da fé", como uma viagem lenta, pilotada por Deus, que chama o homem a subir cada vez mais para cima, a transcender na direção do mistério, a não parar no dado evidente, nos passos certos, nas metas fáceis, no horizonte à vista, que pode ser visto a olho nu, a não pretender mover-se somente quando tudo está perfeitamente claro, mas a deixar que a sua viagem terrena tenha o passo do Eterno, e o seu coração conheça as batidas do coração de Deus.

Esta é a fé: uma espécie de aposta, atirar-se não porque se está seguro de onde se vai parar, mas simplesmente porque é Deus quem nos pede que arrisquemos e que nos joguemos e estamos certos de que seremos acolhidos nos seus braços. Fé é a passagem da preocupação de se garantir e se acautelar ou da pretensão de fazer somente escolhas absolutamente seguras e que levarão infalivelmente ao objetivo pretendido, à coragem de jogar-se ou de aventurar-se em empreendimentos também um pouco ousados e talvez "impossíveis", em que, mais que a certeza da própria capacidade vencedora, existe a segurança do ponto de chegada, de alguém que me espera e me atrai, permitindo-me caminhar para ele.

É a lógica evangélica, portanto, do *"caminhar sobre as águas"* (Mt 14,29), um caminhar "impossível" segundo as leis humanas, e que, no entanto, torna-se possível tendo fixo o olhar em Jesus ou sabendo com certeza que o seu olhar protege quem confia nele, "mesmo que tiver de andar por vale escuro" (Sl 23,4),[12] mesmo quando, por causa da

---

[12] Talvez o episódio a seguir possa parecer com esse modo de entender a fé. Uma criança se encontra sozinha em casa no andar de cima quando, de repente, irrompe um incêndio violento. De fora a mãe desesperada grita ao filho que se atire pela janela na rede estendida pelos bombeiros, e a criança, aterrorizada, ouve, mas não conseguindo ver a mãe no meio da fumaça, não tem coragem para decidir. Até que o instinto materno não sugere à mulher as palavras certas: ao filho que ainda grita um desesperado "mamãe, eu não estou vendo você", a mãe responde "mas eu o estou vendo". E o filho se joga, de olhos fechados, tranqüilizado pela certeza do olhar materno, como se este olhar o pilotasse impedindo-lhe de se esfacelar no chão, e se salva... É natural aplicar a esse episódio a famosa expressão de Kierkegaard: "Crer significa estar à beira dum abismo escuro e ouvir uma Voz que grita: Jogue-se, vou segurar você nos meus braços!", com o comentário sugestivo de Bruno Forte: "É à beira daquele abismo que se formulam as perguntas inquietantes: se em vez de braços acolhedores houvesse somente pedras dilacerantes? E se, além da escuridão, houvesse nada mais do que a escuridão do nada? Crer é resistir e suportar sob o peso destas perguntas: não pretender sinais, mas oferecer sinais de amor ao Amante invisível que chama" (Forte, B. *Piccola introduzione alla fede*. Cinisello Balsamo, 1992. pp. 18-19).

fraqueza humana (ou da pouca fé), aquela certeza é assaltada pela dúvida, e a fé se expressa com o grito angustiado e no entanto sempre crente: "Senhor, salva-me".[13]

Fé é a passagem da lógica que se impõe pela evidência imediata e controlável pelo sujeito à lógica da confiança dada plenamente a um Outro, absolutamente contrária a certa evidência e a certa possibilidade de controle. Lógica difícil e misteriosa, nada natural e no entanto libertadora e fonte de realização plena para o homem, muito diferente daquela auto-realização decidida por uma lógica

---

[13] É interessante a análise que Enzo Bianchi faz dessa passagem evangélica, em que é posta em evidência a *oligopistia*, ou seja, a pouca fé do discípulo: "A fé é sempre pouca no crente, é sempre carente em todos os cristãos e, por isso, cabe ao crente sempre a urgência de se abrir a uma fé maior! E, todavia, a fé, mesmo se exígua, também a mínima imaginável, também se reduzida às dimensões de um grão de mostarda, guarda sempre em si um poder extraordinário[...]; a verdadeira imagem do crente não é a que representa Pedro que caminha sobre as águas na direção de Jesus, mas aquela em que Pedro está para afundar, gritando para o Senhor: Salva-me!, e o Senhor o segura" (BIANCHI, E. L'incredulità del crente. *La Rivista del clero italiano* 2 [1993], pp. 114.117). De fato, é importante, do ponto de vista formativo, que o jovem seja ajudado a compreender aqueles abismos de incredulidade ou aquele incompreensível que habita nele; é diante desse mistério de fraqueza que muitas vezes o jovem aprende a rezar; é quando começa a afundar nalguma água ou nalgum abismo que aprende a se voltar para aquele que é o único que pode salvar, e o grito torna-se amargurado e a oração verdadeira ("Senhor, aumenta a minha fé" [Lc 17,5]; "Eu creio! Ajuda-me na minha falta de fé" [Mc 9,24]).

cuidadosamente calculada somente sobre os próprios dotes e certezas de êxito e, portanto, limitada. O que é, porém, a vida do homem, a vida de vocês, jovens, se vocês não aprendem nunca a superar a medida racional? Que futuro se oferece a um jovem que não é provocado a ir além do cálculo humano, aparentemente prudente, mas na realidade medroso?

Caros jovens, ter fé não quer dizer plantar a couve com as raízes para cima, mas sim convencer-se de que uma certa lógica natural é insuficiente para compreender a lógica de Deus, que a pretensão de compreender tudo e que tudo seja claro e convincente e tudo (votos, vida comunitária, exigências apostólicas, até os pedidos de Deus...) deva integrar-se num esquema racional; essa pretensão é de fato limitada e mortifica a liberdade humana, além de tornar a existência cinzenta e monótona. É a própria vida, caros jovens, que lhes pedirá para ir além desse esquema, e a fé então lhes parecerá como possibilidade inédita e posterior de vida, segundo o projeto de Deus, que fará coisas grandes em vocês, permitindo-lhes até caminhar sobre as águas.[14]

---

[14] Sobre esse tema, cf. CENCINI. A. *Vita consacrata*; itinerario formativo lungo la via di Emmaus. Cinisello Balsamo, 1994. pp. 79-84.

Chamado à luta e à bem-aventurança

Voltemos ao nosso "pai" Abraão. A fé nele é também chamado à luta com Deus. Uma luta dura com o seu mistério e o mistério da sua vontade, com a sensação de se encontrar diante de um Deus diferente, contraditório, que pede o impossível, absolutamente cruel. E, no entanto, Abraão não foge desse Deus, não o evita, mesmo que o sinta tão longe de sua vida, dos seus interesses e dos seus amores; assim como Jeremias, que o sente "torrente infiel" e, no entanto, permanece sob o seu olhar, não foge dele. Assim como tantos homens e amigos de Deus, de Jacó a Jó, de Moisés ao próprio Jesus, todos unidos por um elemento singular, com o qual talvez nós não estejamos tão familiarizados: *a luta com Deus, a luta religiosa*.

É estranho, mas o amigo de Deus, aquele que se torna seu íntimo, passa através do conflito com ele, ou através daquela fase na qual Deus aparece em toda a sua alteridade e diversidade em relação ao homem; ele, o Transcendente, o *totaliter alter*, aquele cujos caminhos e cujos pensamentos não são os nossos caminhos e os nossos pensamentos. É uma lei da pedagogia divina. Não exclui ninguém, nem mesmo algum de vocês, hoje.

Vocês devem saber, caros jovens, que a formação deve habilitá-los a lutar com Deus. A formação não é jardinagem sofisticada. Onde é assim (infelizmente é uma possibilidade real), não se educa mais para a maturidade da fé, mas para a burguesia da fé. A luta, no entanto, é necessária pois "é a situação da pessoa como mistério que fundamentalmente não se autopossui plenamente",[15] e, portanto, encontra-se sempre confrontada por um outro e deve superar o obstáculo da alteridade em si e no outro.[16]

Mas, exatamente aqui, aparece a diferença substancial: a luta pode ser somente psicológica, toda disputada no interior do eu e contra o próprio eu, ou uma parte dele; ou ainda pode ser luta religiosa, luta com Deus, com as suas exigências e pretensões, estranhas e sempre tão além daquilo que o homem poderia pensar e desejar para si.

A primeira é luta inútil e vã, sem sentido e cansativa, porque privada de pontos externos de referência e porque o eu é muitas vezes o juiz mais severo e inflexível de si mesmo.

---

[15] IMODA, F. *Psicologia e mistério*; o desenvolvimento humano. São Paulo, Paulinas, 1996. p. 612. Devo muito, nesta parte, às intuições do padre Imoda.

[16] Sobre o significado dos dois tipos de luta na formação cf. CENCINI, A. *No amor*; liberdade e maturidade afetiva no celibato consagrado. São Paulo, Paulinas, 1998. pp. 59-72.

Sinal distintivo da luta psicológica é, junto com a autocondenação irrepreensível, a não-aceitação de si (com a intolerância da fraqueza alheia) e o típico sentimento de raiva narcisista contra si mesmo diante da surpresa da própria fraqueza e impotência. É a luta daquele "irmão mais velho" que mora dentro de cada um de nós, que quer opor-se a todo custo ao "retorno do irmão mais novo", ou seja, ao perdão e à reintegração da parte fraca e doente que mora também dentro de cada um de nós. Por isso, muitos jovens, na primeira formação, lutam no vazio e com a perda de notáveis energias, para depois decidir, num determinado momento, não lutar mais; ou então, a mediocridade não raramente é o epílogo de uma luta errada, voltada exclusivamente contra si mesmos.

A luta religiosa, no entanto, "é caracterizada pelo encontro e pelo confronto entre a pessoa livre e Deus".[17] É certamente um passo posterior, um salto qualitativo em relação à luta "somente" psicológica, porque está indicando um indivíduo que estendeu e deslocou para a frente o objetivo ou o critério do seu processo de desenvolvimento: não mais um ideal unicamente humano, mas de uma vez por todas Deus, o Transcendente.

---

[17] Cf. IMODA, *Psicologia e mistério*, cit., p. 559.

Atribuir esse ponto de referência ao próprio existir quer dizer, inevitavelmente, luta, e luta freqüentemente dura e "perdida". Como nos diz a história dos amigos e dos que procuram a Deus, todos — num determinado momento — desafiados para uma luta desigual. Também Jesus, a imagem mais verdadeira do homem, e também de Deus, que antes da paixão luta consigo mesmo e com Deus. Foi ele mesmo quem veio trazer um fogo à terra e uma luta (cr. Lc 12,49-53).[18]

A luta religiosa, sendo conflito com Deus, é luta "sadia" em relação ao desenvolvimento do homem, porque ninguém pode pedir ao homem aquilo que Deus lhe pede, ou seja, o máximo, a fim de que seja plenamente aquilo que é chamado a ser; é luta salutar entre as exigências de um Deus que primeiro dá tudo o que pede depois, e o medo do homem que hesita em se confiar, ou entre o amor gratuito de Deus e a pretensão ilusória do homem de merecer o amor; luta benéfica de quem é de alguma forma confrontado com a obstinada benevolência divina, com aquele Deus que fere e depois cura, que castiga e chama de novo aquele que ama, que luta toda a noite com Jacó para manifestar-lhe a sua predileção, que recorre à sedução — quase

---

[18] Idem, ibidem, p. 128.

um engano — para atrair Jeremias a si, que combate uma vida com um povo de cabeça dura como Israel para revelar-lhe as suas entranhas de misericórdia.

"Perder" essa luta quer dizer abrir a vida a horizontes impensados; quer dizer descobrir a própria identidade e as próprias potencialidades; significa aprender a desejar os desejos divinos e à maneira de Deus, significa começar a saborear a liberdade de se abandonar, de confiar, de pensar o próprio futuro na medida do projeto de Deus e não do medo e dos cálculos humanos; quer dizer, para o jovem que se consagrou na virgindade, aceitar correr o risco de amar Deus e de amar com o coração de Deus.

Caros jovens, aprendam a lutar com os desejos de Deus, porque vocês são exatamente chamados a se identificar com esses desejos: eles são a identidade de vocês, embora possam dar-lhes vertigens; e porque aquilo que não é fruto de luta não cria raízes no coração, não é saboreado, não se torna parte do eu, nem se torna convicção profunda.

Não tenham medo diante daquilo que Deus lhes pede e lhes oferece; não percam tempo nem energias em lutar inutilmente contra vocês mesmos, fechados dentro de horizontes ambiciosos e no entanto sempre mesquinhos diante daquilo que

Deus preparou para vocês! Em vez de lutar contra a própria fraqueza, lutem com o poder de Deus que se manifesta justamente na fraqueza humana.

E aceitem perder nessa luta desigual com o Infinito, porque deixar-se derrotar por ele quer dizer reconhecer, finalmente, a própria vocação, ou o chamado de Deus que os chama a ser como ele, a amar como ele, a desejar os seus desejos, a identificar-se com os seus projetos.

Entreguem-se a ele, ao mistério de Deus; aqui está todo o segredo da confiança e da esperança e, depois, da bem-aventurança e da felicidade completa.[19] Como nos conta ainda a história de todos os amigos de Deus que passaram pela luta e se aproveitaram dela, e na força dela, para a realização completa, tão além daquilo que a pessoa teria podido sonhar por si; pensamos na nova paternidade sem limites de Abraão, na descendência numerosa como a areia nas praias do mar.

---

[19] Muito bonitas, a respeito, as expressões de um crente veraz como Giovanni Moioli na experiência do sofrimento: "Entrego-me não à dor, mas a Deus; a essa proximidade que parece distância. Dentro de mim sou pobre, abandonado; é essa a entrega ao mistério de Deus. Está aqui todo o segredo de uma confiança, de uma esperança, de uma familiaridade. Essa que parece uma rendição, na realidade é uma força extraordinária, porque a rendição desperta uma resistência. Desse modo tenho paciência diante de Deus. E sei fazer da dor um dom como Jesus Cristo faz" (Moioli, G. *La parola della croce*. Milano, 1994. pp. 78-81).

Pensamos nos nossos fundadores e fundadoras: homens e mulheres que "arriscaram" a vida para estar próximos de Deus (cf. Jr 30,21); lutaram com ele e, exatamente como Jacó, saíram "feridos" para sempre (cf. Gn 32,23ss). Eles para nós são como os exploradores que entraram primeiro, às escondidas, na terra prometida da liberdade do filho e do amigo de Deus, e depois voltaram para contar o que haviam visto ("uma terra onde corre leite e mel"), exortando todos nós a atravessar "o vau do Jaboc" (Gn 32,23) ou o Jordão (Cf. Nm 14,6-9) e receber a bênção do Eterno. Essa bênção é aquilo que torna vocês felizes. É verdade que o Sinai é uma montanha íngreme, mas se Deus é amor, ele é também felicidade, e "a felicidade — não o sofrimento, a privação, a cruz — terá a última palavra".[20]

A bem-aventurança de ser chamados, então, é a realização da vida e da identidade segundo o desígnio de Deus, ou segundo a própria vocação. A bem-aventurança é a surpresa da fé diante daquilo que Deus pode fazer na vida de quem "luta e perde" com ele: é a surpresa absolutamente imprevista e grata do jovem crente que na entrega ao mistério de Deus descobre e encontra-se dentro de uma

---

[20] CANTALAMESSA, R. *La salita al monte Sinai*. Roma, 1994. p. 28.

força extraordinária que o faz ser e tornar-se segundo o chamado inédito divino. É essa bem-aventurança o ponto de chegada da fé; e é para essa bem-aventurança que se abre a vocação de vocês de jovens crentes.

Chamado à vida consagrada

Em toda vida terrena existe a sensação de uma espera dolorosa e confiante: nascemos para a vida graças aos outros, graças a uma presença fiel; crescemos porque houve alguém que nos acolheu e carregou-nos no colo, sorriu para nós e deu-nos a certeza da nossa amabilidade incondicional e radical, deu-nos a consciência da nossa identidade pessoal e transmitiu-nos a coisa mais importante: a intuição de que nascemos por amor e para amar e que a vida merece ser vivida somente quando se ama alguém incondicionalmente, um tu, que dará sentido a todo o passado e ao presente e com o qual dar vida junto com um futuro novo.

A espera começou justamente aqui: espera dolorosa porque exigia uma separação daquela presença primitiva e consoladora, e implicava a incerteza ligada à sua ausência; espera também confiante porque sustentada pela experiência positiva anterior e animada por um desejo intenso. E, depois de um tempo mais ou menos longo, de aventuras e tentativas mais ou menos bem sucedidas, de tensões e desequilíbrios entre a ilusão de uma presença e a angústia pela ausência, aqui apareceu, normalmente, para tantos jovens seus coetâneos, "a moça" para ele ou "o rapaz" para ela. Primeiro, um sonho, depois, um rosto concreto, um nome, um acordo, um relacionamento cada vez mais inquietante e envolvente, um amor capaz de fazer brotar uma fonte desconhecida de alegria e de expectativas exultantes. A espera para eles havia terminado. Para o jovem chamado a se consagrar a Deus, não.[21] Por outro lado, como dizia dom Tonino Bello, esperar não é o "infinito" do verbo amar?

E assim, entre tantos rostos apareceu o do Senhor. Presença fiel, como e até mais do que a presença materna, desde os primeiros dias da existência e ainda antes: "Sobre ti me apoiei desde o seio materno, desde o colo de minha mãe és minha proteção" (Sl 71,6); invocado desde criança como o maior, o mais infinito, o mais misterioso, o mais doce e o mais terrível; transformado muito depressa num "tu", presença familiar, interlocutor habitual de orações e projetos, de ansiedades e

---

[21] Este sentido da espera é bem descrito por GARRIDO, B. *Grandezza e miseria del celibato cristiano*. Padova, 1989. p. 120.

desejos, companheiro da própria solidão e amigo que não trai, presença infinitamente distante e ao mesmo tempo próxima; vulto que progressivamente assumia contornos cada vez mais claros, voz, olhar, palavra inconfundíveis, mas também transcendência inacessível; aquele no qual se pode regularmente ter confiança, às vezes temido como a ira do pai e desejado como o melhor amigo; depois progressivamente percebido como fonte do amor e razão do viver, companheiro e esposo, mas sempre com uma interrogação insistente a atormentar e provocar a busca e a espera: como é possível que Deus possa ser esse "tu"? ou como é possível que o radicalmente Outro possa responder plenamente a essa espera tão humana? E, junto com a interrogação, a dúvida ligada a essa vocação: a minha realização afetiva será igualmente plena e exaltante em relação a quem pode partilhar imediatamente com o seu semelhante uma experiência de amor? Ou deverei por toda a vida dizer não a uma exigência natural inextinguível, em troca de uma esperança ou em nome de um ideal?

E assim começou a aventura, mas não se completou a espera, nem o jogo dialético, com toda a sua carga de desproporção entre a proposta divina e a contraditória disponibilidade receptiva humana, entre a liberdade infinita do Deus amante e a liberdade limitada do homem que deseja e ao mesmo tempo teme ser amado: o eterno típico jogo vocacional.[22]

A vocação à VC é a continuação, de alguma forma, do jogo: de um lado, portanto, é uma resposta à pergunta e à espera; do outro, porém, essa vocação amplifica as duas: a resposta vai muito além da pergunta e da espera, atingindo vértices impensados. O consagrado não é somente chamado a amar a Deus e a realizar a sua vida afetiva na relação com ele, mas é chamado de fato a ter em si "os mesmos sentimentos do Filho".

"Os sentimentos do Filho"

Uma característica da exortação apostólica pós-sinodal, como sabemos, é o forte sopro bíblico, percebido também numa série de imagens tomadas da Sagrada Escritura que ilustram os temas nela contidos. Também a vocação e a formação à VC tem a sua imagem: é a de Cristo que se doa por amor ao Pai e aos irmãos na *kénosis* da sua paixão; *é com os seus "sentimentos" que o jovem deve progressivamente se identificar* (Fl 2,5).

---

[22] Cf. Cencini, *No amor*, cit., pp. 283-287.

A formação visa justamente a essa configuração, repete o texto exatamente quatro vezes, do n. 65 ao 69. É de fato um ponto central e qualificador, relativamente novo[23] e dotado de um fascínio singular: os sentimentos exprimem a pessoa e as suas profundezas, o coração como centro vital, as suas paredes e os seus subterrâneos, as suas disposições interiores, o seu modo de ver a vida, o que lhe interessa mais, desejos e motivações que a impelem a agir; por um lado, expressam a parte mais humana do eu, algo instintivo e aparentemente instável e fraco;[24] por outro, é possível deixar que a Palavra, especialmente aquela da cruz, sonde os sentimentos[25] e os evangelize; somente quando o Evangelho atingiu essas profundezas psíquicas é que a pessoa pode dizer-se formada no coração, na mente e na vontade, e capaz de amar com o mesmo coração do Filho na cruz.

---

[23] Na realidade está presente, mas sem uma articulação própria, num documento do magistério de 1983: cf. CONGREGAÇÃO PARA OS RELIGIOSOS E OS INSTITUTOS SECULARES, *Essential elements in the Church's teaching as applied to Institutes dedicated to works of the apostolate*, n. 45.

[24] Isso na linguagem comum, mas não no verbo original grego, φρονεῖν, traduzido como "sentimentos".

[25] "Pois a palavra de Deus é viva, eficaz e mais penetrante que qualquer espada de dois gumes. Penetra até dividir alma e espírito, articulações e medulas. Julga os pensamentos e as intenções do coração" (Hb 4,12).

Não nos esqueçamos de que o contexto de Fl 2,5 é o da *kénosis* de Cristo, que culmina na paixão; e como expressão não da dor, mas do amor maior: é a essa paixão do amor que deve tender a formação de vocês, caros jovens. Diversamente, ela corre o risco de ser formação superficial, pobre de entusiasmo ou somente voluntarista ou intelectual, feita de idéias ou de comportamentos ou de boas intenções, formação que não chega nunca ao coração bíblico. Daqui surgem pelo menos três conseqüências.

"A quem iremos, Senhor?"

Antes de mais nada, se a vocação é assim concebida e orientada, a formação que prepara para ela não pode ser ação somente humana, mas *divina* e *trinitária*. Deus Pai é o formador, ele é o verdadeiro e único Pai-mestre, é somente "a ação do Pai que, por meio do Espírito, plasma no coração dos jovens e das jovens os sentimentos do Filho".[26] É ele e não outros o oleiro que com extremo cuidado toma nas mãos a argila de vocês, forma-os, modela-os, burila-os, como um artesão que põe naquilo que faz todo o seu coração, o seu espírito, os

---

[26] *Vita consecrata*, n. 66.

seus sentimentos; como um pai que encontra no filho a sua imagem.

Vocês sabem quando se pode considerar realmente começado o caminho formativo? Naquele dia em que vocês perceberem que podem responder à linguagem difícil e às exigências estranhas de Jesus com as mesmas palavras de Pedro: "Senhor, só tu tens as palavras da vida, somente tu podes dizer-me a verdade, a verdade daquilo que eu sou e sou chamado a ser. A quem mais posso ir? Deixar-te seria como deixar a mim mesmo; viver sem ti não seria mais viver".

Pedro não sabia por que, mas percebia assim Jesus, como a fonte da sua identidade e verdade, como aquele que o havia "chamado pelo nome", ou que lhe havia dado um nome novo. Ora, ninguém pode sentir isso e rezar com palavras semelhantes se não "no Espírito". Quando um crente percebe tudo isso, o Mestre divino está agindo nele, aquele que é o caminho, a verdade e a vida, o Filho predileto em quem o Pai se compraz no Espírito Santo, aquele no qual cada um se sente o filho predileto do Pai no Espírito, com um nome novo recebido dele.

Jovens, pensem de modo maior a própria vida! Isto é, pensem-na segundo as palavras da vida, "da vida eterna" (Jo 6,68), numa perspectiva trinitária. Acostumem-se a pensar a Trindade como o seio que os gerou, a sua morada habitual, o *site* no qual vocês podem "navegar" livremente para atingir cada homem e onde vocês também podem sempre aportar para encontrar vocês mesmos. Não é talvez a VC, desde o começo ou desde a primeira formação, "*confessio Trinitatis*"?

"É bom para nós estarmos aqui!"

Esse ponto de referência ou essa colocação ideal "*in sinu Trinitatis*" tornam a VC partícipe da própria beleza de Deus. E assim a categoria da *beleza*, tornada fraca, ambígua e um pouco marginalizada por uma certa cultura atual, torna-se chave de leitura da VC: pastoral vocacional e formação devem saber transmitir a beleza do seguimento,[27] porque o jovem deve ser formado para perceber que é belo, não somente santo e necessário; entregar-se a Deus e ser totalmente seu; louvá-lo e celebrá-lo, viver juntos em seu nome e anunciar o seu nome; é belo, mais que caridoso ou heróico, servi-lo e descobrir o seu rosto nos menos favorecidos, amar com o coração do Filho.

---

[27] Idem, ibidem, nn. 65-66. Assim recomenda o *Instrumentum laboris* do Sínodo dos bispos sobre a formação sacerdotal: "Todos os candidatos deveriam, de alguma forma, tornar-se sensíveis aos valores do "belo" nas suas várias manifestações" (*A formação dos sacerdotes nas circunstâncias atuais*, n. 37).

Vocês, jovens, devem poder testemunhar "que o Senhor paga bem, que no seu serviço podem-se criar novos vínculos de fraternidade, que a doação ao Senhor leva a níveis de gratificação espiritual e humana impensáveis, que a dolorosa decisão de deixar tudo é compensada com a paz; que, noutras palavras, 'religioso é belo' porque 'Deus é belo', que entregar-se a ele é entregar-se à plenitude".[28]

A beleza é componente fundamental da vocação consagrada. Conseqüentemente, a experiência estética não é um opcional no caminho formativo, nem é coisa que pode ser ignorada e, muito menos, subestimada ou escarnecida, pois "quem, em seu nome", como diz com ênfase Von Balthasar, "reduz o sorriso dos lábios a uma bagatela de um passado burguês, deste se pode ter certeza de que — secreta ou abertamente — não é mais capaz de rezar e, logo mais, nem de amar".[29] E é bem verdade: o que é a oração sem o gosto da beleza? Como é possível contemplar, "perder tempo" diante do Senhor, senão porque "é belo estar aqui"?

---

[28] CABRA, P. G. *Una risposta difficile per tempi difficili*. Roma, 1983. pp. 29-30.

[29] VON BALTHASAR, H. H. *Gloria*; la percezione della forma. Milano, 1985. v. 1, pp. 10-11.

E, então, tudo na casa de formação deve expressar a beleza de Deus: a liturgia, a capela, a celebração, o canto, a vida comunitária nos seus vários momentos, do lazer ao trabalho manual, especialmente se feitos juntos, da partilha das obrigações e experiências apostólicas ao falar de Deus e ao estudá-lo. Deus é belo, e é doce amá-lo. Deve-se poder respirar beleza nas nossas comunidades!

Caros jovens, essa é a mística de vocês, moderna e tipicamente juvenil: descobrir e degustar a beleza de Deus e pertencer totalmente a ele.

Espalhem o perfume de Cristo, o perfume de uma vida permeada pela beleza. Vocês são esse perfume!

Pensem como pode tornar-se atraente aos seus coetâneos a sua escolha de consagração se vocês souberem espalhar esse perfume. Como diz o escritor Arpino: "Não pode existir imagem de futuro se não existe beleza de juventude. Tu a possuis, tu deves cuidar dela".[30] Sem o cromossomo místico a VC logo envelhece ou torna-se difícil de ser vivida e até frustrante, e vocês correm o risco de se tornarem os guardas do museu.

---

[30] Arpino, G. A un quarantenne del 2000. In: *Ritratti*. Vicenza, 1980.

"A verdade vos fará livres"

Se o coração, porém, deve ser formado no sentido bíblico e pleno do termo, para que o jovem tenha os mesmos sentimentos do Filho e descubra a beleza do seguimento, o processo educativo torna-se, então, formação para a *liberdade*.[31] O coração, de fato, não pode ser obrigado, mas pode e deve ser educado para descobrir a grandeza do chamado e o fascínio do Cristo vivo e, depois, feito capaz e livre de dar resposta como o Filho respondeu ao Pai, dando a sua vida pelos homens. Ter os mesmos sentimentos de Jesus Cristo não significa tentar uma sua imitação exterior, mas sim aproximar-se da densidade do seu mistério e nele descobrir também o próprio mistério.

Se liberdade é a possibilidade de realizar essa "misteriosa" identidade, liberdade afetiva é sentir cada vez mais o seu fascínio e a atração irresistível, *é amar intensamente a própria vocação* porque é isso que dá verdade, beleza e bondade à própria vida. Não é suficiente, de fato, realizar a vocação ou ser-lhe fiel na conduta; é necessário captar-lhe cada vez mais a beleza intrínseca e sentir-se cada vez mais atraído por ela, para chegar a amar a vocação e *segundo a própria*

---

[31] Cf. *Vita consecrata*, n. 66.

vocação, com aquele estilo inconfundível que é típico do virgem por Cristo e pelo Reino dos céus. Essa é a liberdade afetiva, aquela liberdade que é exigência natural do coração de cada um e dado peculiar da cultura moderna.

Jovens consagrados e consagradas, sejam *livres*, sejam zelosos daquela liberdade com a qual e pela qual Cristo os libertou; mas sejam também zelosos, então, do estilo da pessoa virgem por Cristo, estilo de quem, por exemplo, *não se põe nunca no centro da relação, porque o centro pertence a Deus*; estilo de quem se achega ao outro e não invade os seus espaços; estilo de quem sabe ser chamado a estabelecer muitos relacionamentos e a amar muito, mas para querer bem a todos com o coração e a liberdade de Deus; estilo, portanto, de quem em tudo (gestos, palavras, pensamentos e desejos) decide depender daquilo ou daquele que ama e que é chamado a amar, de Cristo, o "seu" Senhor.

Não se iludam e não se deixem desviar por doutrinas instáveis e extravagantes: não é livre no coração quem vai aonde o leva o coração, mas sim quem põe o seu coração lá onde está o seu tesouro, ou seja, na sua identidade e verdade, ou na vocação que é chamado a amar. Vivam a própria virgindade com gratidão, não como sacrifício da observância que entristece o célibe, mas como expressão da certeza de terem sido já amados por Deus, e tão amados, a ponto de serem capazes de amar à sua maneira; no fundo, são justamente essas duas certezas os elementos constitutivos da liberdade afetiva, o que torna livres, efetiva e afetivamente, e testemunhas críveis, críveis porque serenas e alegres.[32]

Sobretudo, vivam a virgindade não como instrumento de perfeição pessoal e privada, mas como alguma coisa que é *necessariamente partilhada*, como carisma que está em função do bem de todos, porque cada um, de alguma forma, é chamado a ser virgem, porque em cada um há um espaço de virgindade que é salvo e guardado, espaço que somente Deus pode ocupar, ele que sozinho pode satisfazer totalmente o coração humano com o seu amor forte e terno.

Por isso, vocês são virgens não para esconder ou conservar enterrado o talento da própria integridade física (talvez para exibi-la no dia do Juízo), mas para testemunhar, nas frágeis vicissitudes do amor terreno, que o Eterno é amor: o mundo de hoje não pode deixar de valorizar essa verdade, "este mundo no qual vivemos" como disse Paulo VI, "que

---

[32] Estes temas são amplamente tratados em Cencini, A. *Com amor*; liberdade e maturidade afetiva no celibato consagrado. São Paulo, Paulinas, 1997. pp. 52-78.

tem necessidade de beleza para não apagar-se no desespero".[33]

A virgindade é algo belo, é "uma obra de arte",[34] *não há nada de mais moderno na sociedade hodierna do que o testemunho puro e límpido da virgindade.* Não tenham vergonha dela, não tenham medo de falar dela, de propô-la, rompam aquela espécie de "silêncio impuro" sobre a virgindade pelo Reino; demonstrem que ela leva à liberdade do amor, "cantem-na" como o *cantus firmus* do amor de Deus que dá harmonia e estabilidade ao amor humano.[35]

Chamado na Igreja e no mundo

Enfim, o chamado de vocês acontece num lugar preciso, que é ao mesmo tempo ponto de partida e de chegada do chamado, lugar do seu nascimento

---

[33] Paulo VI, citado em Lanza, F. L'uomo que si esprime artisticamente coglie qualcosa di Dio. *L'Osservatore Romano*, 27 de novembro de 1993, p. 3. Ainda Paulo VI: "Maria é que dá a esta nossa vida o sentido, o gosto, o desejo da beleza. A beleza é um reflexo do espírito na forma sensível: somos, então, convidados ao estudo e à prática da pureza".

[34] Congregação para a educação católica, *Orientamenti educativi per la formazione al celibato*, n. 40.

[35] Cf. Cencini, A. *O fascínio sempre novo da virgindade;* deixando um silêncio "impuro" e buscando uma jovial coragem. São Paulo, Paulinas, 1999.

e destino final, as suas raízes e o seu florescimento. Além dessa imagem, dizemos que a vocação de vocês nasce não num lugar abstrato e não está em função da perfeição pessoal de cada um, mas nasce na Igreja e no mundo e está a serviço da Igreja e do mundo. É perigoso esquecer isso.

Talvez um certo tipo de VC correu justamente esse risco através da história. Pagando um preço alto, pois o preço do esquecimento ou do equívoco (veja todas as formas de isolamento, de recuo um pouco satisfeito sobre as próprias economias, mais ou menos espirituais, de mal disfarçada sensação de superioridade sobre as outras vocações e de suficiência em relação a elas, de insuficiente abertura às necessidades históricas, de relacionamento negativo com a cultura ao seu redor), formas todas que, resumindo, conduzem a uma perda da própria identidade e das próprias raízes.

Não repitam, jovens, o mesmo erro que no passado contribuiu não pouco para criar uma certa barreira entre a VC e a Igreja de um lado, e o mundo, do outro. Se, portanto, as raízes de vocês estão na Igreja e no mundo, a VC deve estar firmemente ancoradas nelas, e dar fruto em abundância para a santidade da Igreja e a salvação do mundo, amando sinceramente a sociedade eclesial e a civil. Sem olhar para si mesma. É o princípio da chamada circularidade carismática. O que significa isso concretamente?

Um símbolo: a festa na noite...

Enzo Bianchi, o prior de Bose, usa uma imagem singular para falar do sentido da VC, hoje. Ele compara os monges (como tipo da VC) "àquelas pessoas que, no momento culminante de uma festa alegre, sentem-se irresistivelmente atraídos para fora na noite, porque compreendem que essas festas são somente um antegozo da festa de Deus que deve vir".[36] Parece-me uma imagem muito significativa para expressar o sentido do relacionamento da VC com o mundo de hoje.

Também a formação, evidentemente, deve ter presente esse relacionamento: deve preparar os jovens capazes de interesse e diálogo com os homens nossos irmãos, no interior de uma concepção de VC como dom que Deus faz à Igreja e ao mundo, para o bem do mundo e da Igreja, e não para o bem-estar exclusivo, mesmo que fosse espiritual, dos próprios religiosos.

---

[36] BIANCHI, E. Il monaco, nel deserto di fronte alla città. *Avvenire*, 28 de julho de 1995, p. 15.

Gostaria, então, de retomar a breve parábola de Bianchi para dar-lhe uma continuidade:

O consagrado, atraído pela noite e satisfeito pelo mistério de Deus, sente, num determinado momento, a exigência de voltar para o meio dos homens que estão celebrando a festa, mas descobre que [...] a festa acabou, as luzes se apagaram e não se ouvem mais vozes e rumores, enquanto o povo parece farto e cansado, mas também desiludido e insatisfeito, sem saber bem por quê. Da febre do sábado à noite ao tédio do domingo à tarde [...] e, no entanto, há também a espera, de alguma outra coisa que o homem ainda não sabe, talvez uma outra festa. Contudo, o povo conhece somente essa, e então voltará no sábado à noite, e a festa se repetirá com o mesmo roteiro, pela enésima vez, como um ritual coletivo que alimenta ilusões e depois desilusões, numa espécie de coação invencível e frustrante que se deve repetir e que cria dependência, e tira, afinal, também a liberdade de gozar e de se divertir. O consagrado não pretende meter-se a ensinar ou pregar, muito menos condena e zomba, esperando o homem seu irmão ou o jovem, seu coetâneo, na passagem das próprias falhas e das próprias contradições; mas tem uma experiência a partilhar: a da *sua noite silenciosa passada no desejo-espera de Deus.* Ele sabe que aquele mesmo desejo está no coração de cada homem, mesmo que esse não o saiba nem o suspeite minimamente; sabe que em toda espera humana, também aquela que parece somente terrena ou absolutamente banal, está misteriosamente escondida a espera do Deus que vem, para celebrar com o homem uma festa sem fim num domingo sem ocaso. Ele mesmo experimentou que o coração do homem está inquieto enquanto não participar dessa festa. Que pode começar já agora, sem esperar de novo um outro sábado, perenemente semelhante a si mesmo, e também sem jamais terminar, e será sempre nova. E o mostra e fala com a sua consagração.

Caros jovens, vocês são esse consagrado, e a sua consagração "jovem" é a festa, humana e divina, que vocês não podem reter e usufruir para vocês mesmos e a sua comunidade. A formação os prepara não somente para celebrá-la, mas também para compartilhá-la. Mais precisamente, trata-se de aprender um certo tipo de relacionamento com o mundo.

Amor e empatia pelo mundo

Não se evangeliza aquilo que não se ama. Aprendam, então, a querer bem a este mundo no qual o Senhor os colocou e para o qual os escolheu. Não tenham em vocês os sentimentos do irmão mais velho do filho pródigo ou de Jonas, das pessoas valorosas ou religiosas, cujo empenho está todo em distinguir-se dos outros, que seriam maus, inimigos de Deus e inferiores a vocês.

Esse tem sido um dos maiores pecados de certa VC, como lembrávamos antes, o de sentir-se superior aos outros, aos cristãos "normais" e pecadores, como aquele eremita "gordo, velho e careca" da anedota simpática e inquietante, o qual pretende ficar sozinho no paraíso; ele, o único que observou o sexto mandamento, e enraiveceu-se contra Deus que, no entanto, quis e ofereceu-lhe companhia com os pecadores.[37]

---

[37] "Um dia, Deus entrou no paraíso e descobriu, para sua grande surpresa, que estavam todos ali. Nenhuma alma tinha sido mandada para o inferno. A coisa lhe causou tédio. Não era seu dever ser justo? E, em todo caso, para que o inferno foi criado? Disse ao arcanjo Gabriel: "Chama todos diante do meu trono e lê os Dez Mandamentos". Todos foram chamados. Gabriel leu o primeiro mandamento. Então Deus disse: "Todos os que pecaram contra este mandamento vão imediatamente para o inferno". Algumas pessoas se separaram da multidão e foram tristemente para o inferno. Algo semelhante aconteceu depois da leitura do segundo mandamento... e do terceiro... e do quarto... e do quinto... Nesta altura a população do paraíso havia diminuído consideravelmente. Depois da leitura do sexto mandamento todos foram para o inferno, menos um eremita, gordo, velho e careca. Deus levantou os olhos e perguntou a Gabriel: "Esta é a única pessoa que ficou no paraíso?". "Sim", disse Gabriel. "Bem", disse Deus e, voltando-se para o eremita acrescentou: "Você está sozinho aqui, não é verdade? Gabriel, dize a todos que voltem!". Quando o eremita gordo, velho e careca percebeu que todos seriam perdoados, indignou-se. E gritou para Deus: "Não é justo! Por que não me disseste antes?" (A. de Mello, cit. em Fausti, S. *Elogio*, pp. 59-60).

Tenham, pelo contrário, em vocês os mesmos sentimentos do Pai, que não tem rancor, mas somente alegria quando pode ser longânime e de grande benevolência. Tenham em vocês os mesmos sentimentos do *Filho*, ainda uma vez, que deu a vida por "este" mundo, não por um "mundo diferente ou melhor". Tenham em vocês os mesmos sentimentos do Espírito, que suscita e anima uma Igreja grande no amor e na misericórdia, Igreja de santos e de pecadores, mas — aqui nesta terra — mais de pecadores do que de santos.

E então, aprendam a "participar" das vicissitudes dessa humanidade, alegres ou tristes; aprendam, sobretudo, a reconhecer nos seus desejos, nas suas lutas, esperas e perguntas um desejo mais profundo, o de ver o rosto de Deus, que é o único e verdadeiro desejo do homem, mesmo que este último não o saiba; tenham um olhar benévolo para as suas realizações e compreendam as suas fraquezas; não desprezem o desejo natural de felicidade do homem e participem, se possível, da sua festa: quem disse que nós consagrados podemos aceitar somente convites para funerais?

É talvez também por isso que circula uma imagem triste da VC: desmintam-na. Externem, pelo contrário, a alegria de caminhar juntos, como irmãos, sem o ar de quem tem somente de ensinar e acaba por se tornar um coveiro impermeável à alegria, mas com a liberdade de quem quer aprender do outro, ou com a certeza de que esta terra, com os seus habitantes, é *locus theologicus*, é rica de Deus.

Aprendam a ir vocês por primeiro ao encontro dos homens e das mulheres do nosso tempo, onde quer que se encontrem e a qualquer cultura que pertençam. Não se julguem ofendidos quando o mundo parece não compreendê-los, e por nenhuma razão cortem a relação. Amem este mundo e esta humanidade com afeto sincero e profundo: não se esqueçam de que vocês estão "diante de Deus *pelo mundo*",[38] como Moisés e os profetas, não pela vossa perfeição.

O maior dos carismas da Igreja: partilhar

O consagrado tem um modo especial de expressar o seu amor pela Igreja e pelo mundo: partilhar a sua riqueza espiritual, que é a coisa mais importante que tem e é. Ele não possui ouro nem prata, mas recebeu um dom do alto para os outros, um dom que ele mesmo compreende somente quando o doa aos homens seus irmãos, verdadeiros destinatários do próprio dom.

---

[38] Cf. o título do livro de Tillard, J. M. R. *Davanti a Dio per il mondo*. Alba, 1975.

Compreendem o que quer dizer tudo isso? Significa uma mudança de modelo interpretativo da VC: do modelo da perfeição pessoal, como objetivo da consagração, ao do dom; do uso privado da espiritualidade à capacidade *de fazer os outros participantes dela*; da mentalidade do "seqüestro" do Evangelho ou dos carismas à concepção aberta da *partilha dos dons*. Se isso for bem entendido, é uma inversão propriamente dita de tendência, já proposta e solicitada pelo Concílio Vaticano II,[39] e no entanto difícil de aplicar por causa do individualismo espiritual que levamos dentro de nós, herança de um certo passado da VC e que não poupa nem mesmo vocês, jovens.

Por isso suplicamos a vocês: deixem-se formar segundo o coração de Cristo, que "não considerou como presa a agarrar o ser igual a Deus" (Fl 2,6), não conservou possessivamente para si o ser igual a Deus, como uma riqueza particular, mas o doou a nós, partilhou-o conosco. E estamos ainda na imagem bíblica central, verdadeiro ponto de partida e de chegada de um projeto de consagração.

"Partilhar" significa pôr regularmente à disposição dos outros os nossos dons, começando pelos

---

[39] Cf. sobretudo *Lumen gentium*, nn. 43-44.

nossos irmãos, com os quais somos chamados a viver a mesma espiritualidade. Um grupo de pessoas torna-se comunidade religiosa no momento em que os dons espirituais começam a circular livremente; do contrário, é simples convivência de pessoas, fraca e vulnerável, porque "o vínculo da fraternidade é tão mais forte quanto mais central e vital for o que se põe em comum".[40] Devemos compreender também que nas nossas comunidades reina muito individualismo, especialmente no que diz respeito à vida espiritual, gerida por cada um no absoluto segredo e em particular pela sua consciência.[41] Freqüentemente as nossas comunidades são como a de Corinto, rica de individualidades carismáticas, mas pobre do carisma mais importante, aquele que permite que os dons circulem livremente.[42]

É importante aprender a partilhar em comunidade porque isso deve tornar-se também método apostólico; ou melhor, podemos dizer que a partilha é o estilo apostólico típico da nova evangelização, estilo caracterizado pelo trabalho de traduzir em linguagem secular, em língua e dialeto locais,

---

[40] *A vida fraterna em comunidade*, n. 32.

[41] Cf. idem, ibidem, nn. 29-32.

[42] Cf. idem, ibidem, n. 32.

os tesouros da nossa espiritualidade. É isso que significa amar o mundo e enriquecer a Igreja, caros jovens, não guardar para nós a nossa cultura ou a nossa mística, mas dá-la de mãos largas, procurando torná-la compreensível e desfrutável aos homens e às mulheres, nossos irmãos e irmãs.

Habituem-se a pensar que uma espiritualidade que permanece na vida privada, impossível de transmitir aos demais, indizível, não é espiritualidade autêntica; duvidem daquilo que vocês não conseguem comunicar ao homem da rua, mesmo que fosse a mais mística das experiências. "Uma espiritualidade inacessível aos menos favorecidos ou que não pode expressar-se em termos fáceis e simples, que também o pequeno e o menos favorecido possam compreender, é falsa e falsificadora".[43]

Deus, quando concede seus dons, dá-os sempre à comunidade dos crentes, para a Igreja e para o mundo. E nós temos o sagrado dever de ser compreensíveis, de fazer os outros compreenderem que os nossos carismas, a nossa espiritualidade, os nossos votos têm muito a dizer ao homem de hoje; revelam a verdade daquilo que o homem é e é cha-

---

[43] CENCINI, A. *Vocazioni: dalla nostalgia alla profezia*; l'animazione vocazionale alla prova del rinnovamento. Bologna, 1989. p. 229.

mado a ser; são sabedoria e bem-aventurança não somente para nós, mas também para cada homem; têm um valor profundo humanizante e higiênico-ecológico que em grande parte devemos ainda descobrir; respondem a um desejo crescente de limpeza interior, de simplicidade de vida, de sobriedade nas ambições.

A consagração de vocês não pode não ser medida com esse desejo, que é como um desafio. Já santo Ambrósio afirmava que "os princípios da fé devem ser transformados em valores para o homem, devem ser visíveis e apetecíveis para os outros".[44]

Pois bem, vocês sabem que neste processo penoso de aculturação, vocês jovens e como jovens têm um papel particular para desempenhar? Porque são de alguma forma filhos desta cultura e provavelmente vocês já conhecem o código interpretativo dela. Não se iludam: para traduzir numa outra língua, secular ou popular, os tesouros da nossa espiritualidade, não basta que vocês sejam conhecedores daquela língua ou dos seus vocábulos. É preciso serem místicos, profundamente enamorados da própria sabedoria espiritual, porque alguém pode traduzir

---

[44] Ambrósio, cit. em CABRA, P. G. *Breve introduzione alla lettura della exortazione apostolica*. Vita Consecrata. Brescia, 1996. p. 83.

somente o que se tornou parte da sua vida, o que dá verdade-beleza-bondade à sua vida. Por isso, se é importante — como dissemos — participar da festa dos homens, é no entanto necessário em certos momentos tomar distância, para aprender a procurar e reconhecer na noite o Deus que vem. Todavia, compete a vocês, em todo caso, levar avante esse trabalho, que é ascético e místico ao mesmo tempo e faz vocês crescerem no conhecimento do dom de Deus.

É exatamente esse, acredito, o sentido da missão na etapa histórica que estamos vivendo, e essa é, talvez, a primeira caridade que devemos à Igreja e ao mundo. Há todo um patrimônio de doutrina espiritual nos nossos carismas que nunca foi posto à disposição da Igreja e do mundo, que circula ainda dentro dos âmbitos fechados ou "jaz" em códigos nunca (ou mal) traduzidos, onde corre o risco de se tornar evanescente, de perder o sentido, de afogar-se.

Os carismas deterioram-se e depois morrem se ficam dentro de espaços limitados: têm necessidade de ar livre, de provocações novas. Quanto mais forte é a provocação, tanto mais exige uma aculturação-tradução, porque vem de uma cultura diferente da nossa; tanto mais salutar é a situação para uma compreensão renovada do carisma, que se encontra como que espremido na densidade de seu significado. Do mesmo modo, quanto mais somos, e vocês são, obrigados a traduzir a espiritualidade em termos fáceis e simples para que também quem não tem cultura, o analfabeto e o pobre, possam compreendê-la, melhor. E talvez devamos repensar justamente nessa linha o serviço que devemos prestar ao pobre.

Dizíamos no início que a VC sem dúvida tem futuro. Mas com uma condição: que nós, consagrados, compreendamos que a mística do futuro próximo deve ser cada vez menos fenômeno ou luxo de poucos e tornar-se cada vez mais exigência popular, ao alcance de todos os cristãos. A vocês, jovens, cabe por isso abrir novos caminhos nessa direção e propor novos itinerários de espiritualidade, segundo o imenso depósito de bens espirituais que são os nossos carismas. A vocês cabe serem como aquele escriba do Evangelho, que tira do seu tesouro coisas novas e coisas velhas, mas que — diferentemente dos escribas de antigamente talvez privados de fantasia, ou dos monges escritores (embora beneméritos copistas) de códigos antigos — saiba ser criativo e corajoso.

"Se o cristão tem pouca imaginação, o mundo morre", dizia já a sabedoria dos Padres do deserto, e nós podemos glosar: "Se o jovem consagrado tem pouca fantasia, a VC morre", ou renega-se a si mesma, a sua origem divina e o seu destino terreno.

Vocês devem criar e propor modelos para caminhar rumo a um objetivo que desperte entusiasmo ou o sonho de uma "Igreja toda religiosa", ou de uma VC que esteja como que despojada do dom para que ele seja parte da Igreja e do mundo. É a missão contida na mensagem do sínodo sobre a VC: "A vocês, caros jovens, que amam os sonhos, propomos essa nossa esperança como o melhor dos nossos sonhos".[45]

Então vocês poderão dizer que fizeram verdadeiramente seus os sentimentos de Jesus Cristo.

---

[45] IX Assembléia geral ordinária do Sínodo dos Bispos, *A vida consagrada e a sua missão na Igreja e no mundo. Mensagem do Sínodo*, 24 de outubro de 1994, tirada dos Atos, pelo *Osservatore Romano*, p. 165.

"Jovem, eu te digo: levanta-te!"

Essa citação da passagem de Lucas (7,14) não deve ser tomada, evidentemente, ao pé da letra: aqui não há nenhum morto que deve ressuscitar; mas são igualmente significativas as palavras de Jesus e queremos neste momento ouvi-las dirigidas a todos os jovens consagrados e consagradas, especialmente àqueles que de alguma forma precisam "levantar-se" de uma vida talvez não entusiasta e apaixonada, um pouco chata e anêmica, talvez medrosa e incerta pelas dificuldades atuais, a todos os jovens que não são suficientemente "jovens".

Tentemos, então, interpretar o significado deste convite peremptório, ou melhor, desta ordem respeitável, na qual Jesus parece exprimir com força e determinação ("eu te digo...") o seu poder de dar vida.

Imagino que Jesus poderia falar a vocês mais ou menos assim:

> Jovem consagrado, "alegre-se na sua adolescência" (Ecl 11,9), aprecie este tempo de formação como um momento particular e irrepetível, tem-

po de graça rico de dons. É etapa da vida que deve ser vivida em plenitude, sem precipitações nem impaciências, sem o frenesi do futuro nem as saudades do passado.

Também eu vivi esta fase nesta terra, e por um bom tempo, aceitando depender daqueles que o Pai me havia colocado ao lado como pais-formadores: de vez em quando tivemos dificuldade em entendermo-nos, também porque não deve ter sido fácil para eles cuidar da formação de um homem-Deus; também por isso eu sempre os amei e respeitei. Assim também você, aceite da providência do Pai do céu os seus educadores e, com a sua disponibilidade, ajude-os na obra difícil de mediação que eles têm. Talvez não sejam os melhores, mas são aqueles que o Pai lhe pôs ao lado, e isso lhe basta para confiar neles. Confiando neles você expressa o seu abandono nas mãos do Pai. Sua formação vai continuar a vida toda, porque você deve aprender a ter em você os meus próprios sentimentos de quando realizei a doação da minha vida, e isso não é fácil; também eu às vezes tive de submeter-me a uma certa violência no meu caminho para Jerusalém e conheci as sensações e os medos do coração humano, antes de ser pregado na cruz.

Seja realista: nada acontece espontaneamente no homem; formação quer dizer trabalho, cansaço, conversão, morte. Seja, porém, sobretudo apaixonado.

Ame sua vocação; aprenda a amar, não somente a realizar, o seu ideal, porque é de fato belo, extraordinariamente belo, mas se você o ama, ele se torna também acessível e desfrutável; se depois você sente paixão por aquilo que você foi chamado a ser, então conhecerá a minha própria paixão, e a sua vida tornar-se-á salvação para muitos.

Não fique magoado com os seus limites: o meu poder manifesta-se na sua fraqueza; mas, sobretudo, não ponha limites ao meu desígnio sobre você, não pense que ele se configura segundo as suas capacidades; seria muito pouco; eu quero fazer de você um profeta, um apóstolo, um amigo de Deus e do homem, não um dependente que cumpre ordens ou contenta-se em fazer somente o que está seguro que sabe fazer, repetindo-se e fotocopiando-se infinitamente, por medo de fracassar.

Não tenha medo das dificuldades do momento presente, da oposição da cultura dominante, — como vocês a chamam — a um projeto de consagração; não tenha medo de quem não tem nenhum poder de conquistar o seu coração ou roubar-lhe a liberdade. Não fui por ventura eu quem o fez livre com o meu sangue derramado na cruz?

Não me magoe, então, vendendo sua liberdade por um prato de lentilhas. Zele por sua liberdade: ela não é uma virtude. Mais que uma virtude, é a condição que torna um gesto virtuoso; sem liberdade não existe nenhuma virtude, nem possibilidade alguma de consagração, não existe amor nem virgindade. Demonstre, então, especialmente para os seus colegas, que a consagração o torna livre, que o ser pobre-casto-obediente aumenta, não diminui, os espaços da sua auto-realização, que o "não" que você diz a certas exigências da natureza é compensado de maneira superabundante pela liberdade de amar todos com o coração e a liberdade de Deus. A ascética da liberdade abre para a mística da beleza: então você se tornará criativo e comoverá o coração de quem o escutar.

Seja "artista" de sua consagração. Não se contente em repetir o que os outros já disseram. Seja poeta ou pintor ou músico..., capaz de contar com palavras vivas, com tintas vivas, harmoniosamente e sempre criativamente, a beleza íntima de sua vocação, para que todos, especialmente seus coetâneos, sejam fascinados por ela.

Por que você tem medo do futuro? É bom ser prudente e calcular com atenção as próprias forças; mas não exagere, como fez Davi com a sua mania do censo, e não confie cegamente nos seus sistemas de previsão do futuro ou das chamadas projeções, segundo as quais dentro de vinte anos vocês serão todos velhos e desgastados, os institutos religiosos serão hospedarias, e os poucos ou as poucas jovens servirão de enfermeiros ou de enfermeiras dos muitos anciãos. Não dê ouvidos aos profetas da desventura, que nunca acertam, e não se esqueça de que é o meu Espírito que conduz a história, aquele meu Espírito de fantasia muito livre e imprevisível. Quando você voltar para casa, lembre os seus superiores disso. Sem, porém, assumir ares muito sérios de quem tem a presunção de ensinar os outros.

Seja otimista, portanto, daquele otimismo que nasce da fé que espera ou da esperança que sonha. Se não são vocês, os jovens, que sonham, quem mais terá visões? E a quem comunicarei minha palavra que suscita profetas e dá força para converter os sonhos em realidade?

Mantenha-se jovem, então, não jogue fora nada da sua juventude, porque a VC é "jovem" por natureza, é a alma perenemente jovem da Igreja. Tenha o coração grande do jovem, a fim de amar muito, desde os irmãos mais anciãos até os jovens seus coetâneos fora da comunidade: aos primeiros você deve gratidão, aos segundos você deve dar a razão de sua esperança com a alegria de sua vida.

Fuja da tristeza como de um demônio tentador, e não se leve muito a sério: não lhe peço que salve o mundo inteiro, eu já tentei; mas se você me der seus cinco pães e dois peixes, tudo o que você tem e é, ao mesmo tempo, eu e você, com os seus irmãos e irmãs, faremos grandes coisas.

Tenha, ainda, o olhar penetrante do jovem que lhe permite ler no coração do homem, descobrir no fundo dele a minha imagem e a saudade do meu rosto. Não exclua ninguém; você é enviado a todos, mas com uma preferência especial para com quem está só e é pobre, para quem se sente menos amado e mais recusado. Aprenda a ter compaixão e a ser misericordioso; não se feche em suas pequenas economias e não pense somente em sua santidade privada; não reduza os limites de sua vida àquilo que é só seu ou que pertence somente à sua comunidade; a fidelidade não se mede somente pela observância, mas também pela capacidade, sobretudo, de partilhar com os outros os próprios dons. Ou melhor, no paraíso você não vai entrar sozinho (e muito menos se você sofre com a companhia de quem é menos santo do que você, como o eremita velho, gordo e careca).

E se também a Deus é permitido sonhar, você sabe qual é o meu sonho? Que a Igreja, meu povo, possa cada vez mais descobrir, no sinal e na profecia típicos da VC, traços da própria identidade e da própria missão, para poder sentir, gostar e viver naquilo que religiosos e religiosas professam o que é chamado comum, consagração comum, trabalho comum, santidade comum. A VC deve voltar a indicar a dimensão verdadeira, profunda, essencial e constitutiva de todos, cada dia. Os conselhos evangélicos devem voltar a ser o caminho sobre o qual toda a Igreja e todos os cristãos são chamados a caminhar para viver em autenticidade e fidelidade o dom comum da salvação e cumprir a missão comum de construtores do Reino, cada um, naturalmente, segundo a própria vocação e o próprio estado de vida.

Para que isso aconteça, a VC deve dar cada vez mais um testemunho em coro de santidade, deve saber propor modelos comunitários de perfeição evangélica; o indivíduo santo pode edificar, certamente, mas fica a dúvida de que isso é uma exceção; é a comunidade que dá testemunho confiável e convincente de que a santidade é possível a todos, ou melhor, é o único modo de viver juntos na diversidade e na aceitação recíproca, na misericórdia e na alegria. Pense como seria belo se no terceiro milênio o meu Vigário na terra pudesse canonizar não religiosos particulares (já são muitos, parabéns!), mas sim uma comunidade de consagrados que se tornou santa vivendo unida o mesmo carisma, um acolhendo o outro e todos crescendo juntos, na partilha da graça e do perdão. Confio a você e à sua comunidade esse sonho divino. Comece a falar dele com alguém, e se não acreditarem em você, diga-lhes que fui eu quem disse.

Para realizá-lo, seja alegre e cheio de gratidão pelo dom de sua vocação, pela sua família religiosa e a sua comunidade, por tudo aquilo que você recebeu e está continuamente recebendo. Não seja como aquele hebreu que, depois de ter atravessado a pé o mar Vermelho, reclamou com Moisés porque poderia ter pego um reumatismo; fique atento aos "reumatismos" da ingratidão, que é sempre ávida; deixe-se querer bem e reconheça o afeto que o circunda; e lembre-se de que, por mais que você se doar à vida, aos outros, à comunidade, jamais igualará tudo o que você recebeu. Tenha, portanto, a coragem do martírio, porque as causas pelas quais ninguém mais quer morrer já morreram.

"Benjamim, o mais novo, guia os chefes de Judá" (Sl 68,28). No caminho do terceiro milênio, cabe a você, Benjamim, jovem religioso ou religiosa, guiar o caminho.

Discurso de João Paulo II

aos participantes
do Congresso internacional
dos jovens religiosos e religiosas

Caríssimos jovens consagrados e consagradas.

1. É para mim muito confortador encontrar-me com vocês, reunidos aqui em Roma, de todas as partes do mundo, por ocasião do *Congresso internacional dos jovens religiosos e religiosas*. Saúdo o senhor cardeal Eduardo Martinez Somalo, prefeito da Congregação para os Institutos de Vida Consagrada e as Sociedades de Vida Apostólica e lhe agradeço pelas palavras cordiais que em nome de todos vocês quis dirigir-me há pouco. Saúdo o reverendo padre Camilo Maccise e a reverenda madre Josefina Fragasso, presidentes respectivamente das Uniões dos Superiores e das Superioras gerais. Eles promoveram a reunião de hoje, que vê reunidos pela primeira vez jovens pertencentes a tantas famílias religiosas, num momento significativo da história da Igreja e da vida consagrada. Dirijo

a minha saudação aos superiores e às superioras gerais dos vários institutos aqui representados.

Saúdo especialmente vocês, caros jovens consagrados e consagradas. Alguns de vocês fizeram-se intérpretes dos sentimentos de todos e manifestaram-me as expectativas e os desejos generosos que animam a sua juventude consagrada a Deus e à Igreja. A presença de vocês, tão numerosa e festiva, não pode deixar de trazer à memória a imagem ainda viva na minha mente e querida ao meu coração do *XII Dia Mundial da Juventude*, celebrado em Paris, no mês de agosto passado. Como aquela multidão entusiasta de jovens, vocês representam, através da consagração a Deus que "alegra a juventude", a manifestação rica e exaltante da perene vitalidade do Espírito. Pode-se dizer que agora os jovens estão na moda; jovens em Paris, jovens no sábado passado em Bolonha. Veremos agora no Brasil, no Rio de Janeiro.

2. Noto com prazer um motivo de continuidade entre o acontecimento de Paris e o presente *Congresso*, felizmente iluminado pelos temas dos dois encontros. Se o tema do Dia Mundial da Juventude eram as palavras do Evangelho de são João: "Mestre, onde moras?". "Vinde e vereis" (Jo 1,38.39), o do Congresso de vocês indica a acolhida do convite dirigido por Jesus aos seus discípulos que culmina no

anúncio pascal da descoberta decisiva do Ressuscitado: "Vimos o Senhor" (Jo 20,25).

Vocês são testemunhas privilegiadas desta formidável verdade diante do mundo inteiro: o Senhor ressuscitou e se faz companheiro de viagem do homem peregrino pelas estradas da vida, até que os atalhos do tempo não cruzem o caminho do Eterno, quando "o veremos tal como ele é" (1Jo 3,2).

A vida consagrada reveste-se de um carisma profético, pois se estende entre a experiência de "haver visto o Senhor" e a esperança certa de vê-lo ainda "tal como ele é". É um caminho que vocês começaram e que os levará progressivamente a assumir os mesmos sentimentos de Jesus Cristo (Cf. Fl 2,5). Deixem que o Pai, mediante a ação do Espírito, plasme no coração e mente de vocês o mesmo sentir do seu Filho. Vocês são chamados a vibrar com a mesma paixão que ele teve pelo Reino, a oferecer como ele as energias, o tempo, a juventude e a existência de vocês para o Pai e para os irmãos. Vocês aprenderão uma autêntica sabedoria de vida.

Essa sabedoria, caros jovens, é o sabor do mistério de Deus e o gosto da intimidade divina, mas é também a beleza do estar juntos em seu nome, é a experiência de uma vida casta, pobre e obediente utilizada para sua glória, é o amor pelos pequenos e pelos pobres e a transfiguração da vida à luz das bem-aventuranças. Esse é o segredo da alegria de tantos religiosos e religiosas, alegria desconhecida do mundo e que vocês têm o dever de comunicar aos outros, seus irmãos e irmãs, por meio do testemunho luminoso de sua consagração.

3. Caríssimos, quanta riqueza espiritual existe na história de vocês, que herança preciosa está confiada às mãos de vocês! Mas lembrem-se: tudo isso lhes foi dado não somente para a perfeição de vocês, mas também para que seja por vocês posto à disposição da Igreja e da humanidade, a fim de que seja motivo de sabedoria e bem-aventurança para todos.

Assim fez santa Teresa de Lisieux, com o seu "pequeno caminho" que é uma autêntica teologia do amor. Essa jovem, como vocês, conseguiu transmitir a muitíssimas almas a beleza da confiança e do abandono em Deus, da simplicidade, da infância evangélica, da intimidade com o Senhor de onde brotam espontaneamente comunhão fraterna e serviço ao próximo. A pequena grande Teresa do Menino Jesus e da Sagrada Face será proclamada Doutora da Igreja justamente por isto: porque a "teologia do coração" soube indicar, em termos acessíveis a todos, um caminho seguro para buscar a Deus e deixar-se encontrar por ele.

Essa é também a experiência de tantos seus irmãos e irmãs do passado e do presente. Eles souberam encarnar, no silêncio e no recolhimento, a alma tipicamente apostólica da vida religiosa, em particular aquela extraordinária capacidade da pessoa consagrada de unir a intensidade da contemplação e do amor por Deus com o ardor da caridade para com os pobres e os necessitados, para com aqueles que o mundo freqüentemente marginaliza e despreza.

4. O Congresso de vocês não é, portanto, somente uma reunião de jovens e para jovens religiosos, mas torna-se também anúncio e testemunho profético para todos. Vocês vieram de todas as partes do mundo para refletir sobre temas centrais da vida consagrada: vocação, espiritualidade, comunhão e missão. Vocês pretendem também partilhar as próprias experiências num clima de oração e de alegre fraternidade. Esse é um modo vivo de propor *a vida consagrada como a alma sempre jovem da Igreja*.

Numerosos e jovens como vocês são, oferecem uma imagem viva e atual da vida consagrada. Com certeza são bem conhecidos os desafios que hoje ela é chamada a enfrentar, especialmente nalguns países. Entre eles, o envelhecimento dos religiosos e religiosas, a reorganização das obras, o redimensionamento das presenças, a diminuição numérica das vocações. Estou certo, porém, de que o Espírito Santo não deixa de suscitar e animar, em muitos jovens como vocês, a vocação à dedicação total a Deus nas formas tradicionais da vida religiosa e em formas novas e originais.

5. Agradeço-lhes, caríssimos, por terem vindo encontrar-se comigo. Com o entusiasmo e a alegria que vocês externam, ainda mais do que com a idade, vocês rejuvenescem a Igreja. Queria que vocês pudessem ler no meu coração o afeto e a estima que nutro por cada um de vocês. O papa quer bem a vocês, confia em vocês, reza por vocês e está seguro de que serão capazes não somente de lembrar e contar a gloriosa história que os precedeu, mas também de construí-la no futuro que o Espírito está preparando para vocês (cf. *Vita consecrata*, n. 110).

Enquanto nos dispomos a entrar no ano do Espírito Santo em preparação ao grande Jubileu do ano 2000, confiemos justamente ao Espírito do Pai e do Filho o grande dom da vida consagrada e todos os que em cada canto da terra se oferecem generosamente no seguimento de Cristo casto, pobre e obediente. Invoquemos, por isso, a intercessão dos santos fundadores e fundadoras dos seus institutos; invoquemos sobretudo a ajuda de Maria, a Virgem consagrada.

6. Maria, jovem filha de Israel, tu que respondeste logo "sim" à proposta do Pai, torna esses jo-

vens atentos e obedientes à vontade de Deus. Tu que viveste a virgindade como acolhida total do amor divino, faze com que descubram a beleza e a liberdade de uma existência virgem. Tu que nada possuíste para ser rica somente de Deus e da sua Palavra, liberta o coração deles de todo apego mundano, para que o Reino de Deus seja o único tesouro deles, a única paixão deles.

Jovem filha de Sião, que permaneceste sempre virgem no teu coração enamorado de Deus, conserva neles e em todos nós a perene juventude do espírito e do amor. Virgem das dores, que ficaste junto à cruz do Filho, faze nascer em cada um dos teus filhos, como no apóstolo João, o amor mais forte do que a morte. Virgem mãe do Ressuscitado, faze de nós todos testemunhas da alegria do Cristo vivo eternamente.

Eu os abençôo a todos, de coração.

Roma, 30 de setembro de 1997.

João Paulo II

Sumário

APRESENTAÇÃO 3

PREMISSA 5

JOVENS E VIDA CONSAGRADA 7

Vida consagrada: a alma perenemente
jovem da Igreja 7

Os jovens: sonho das origens
e esperança de renovação 10

A VOCAÇÃO: DIÁLOGO ENTRE
DUAS LIBERDADES 13

Chamado à vida 14

Condição filial e cultura de morte 16

A alegria de viver na vida
consagrada 18

Chamado à fé 20

*Chamado à transcendência
e ao mistério* 21

*Chamado à luta e
à bem-aventurança* 26

Chamado à vida consagrada 33

"Os sentimentos do Filho" 36

"A quem iremos, Senhor?" 38

"É bom para nós estarmos aqui!" 40

"A verdade vos fará livres" 43

Chamado na Igreja e no mundo 46

Um símbolo: a festa na noite... 48

Amor e empatia pelo mundo 50

*O maior dos carismas da Igreja:
partilhar* 53

"JOVEM, EU TE DIGO, LEVANTA-TE!" 61

DISCURSO DE JOÃO PAULO II
AOS PARTICIPANTES DO CONGRESSO
INTERNACIONAL DOS JOVENS
RELIGIOSOS E RELIGIOSAS 69

Cadastre-se no site

www.paulinas.org.br

Para receber informações
sobre nossas novidades
na sua área de interesse:

• Adolescentes e Jovens • Bíblia • Biografias • Catequese
• Ciências da religião • Comunicação • Espiritualidade
• Educação • Ética • Família • História da Igreja e Liturgia
• Mariologia • Mensagens • Psicologia
• Recursos Pedagógicos • Sociologia e Teologia.

Telemarketing 0800 7010081

Impresso na gráfica da
Pia Sociedade Filhas de São Paulo
Via Raposo Tavares, km 19,145
05577-300 - São Paulo, SP - Brasil - 2004